Zur Fixierung der Sperrholzteile werden **Nägel** (z. B.
Größe 1,2 x 20 mm) verwendet. Teile, die flexibel bleiben sollen, werden mit Draht befestigt. Es kann **Steckdraht** mit ca. 1 Millimeter Stärke benutzt werden, wie er bei den Floristen verwendet wird. Er ist schwarzblau geglüht, ziemlich weich, trotzdem stabil und lässt sich aber über einem Bleistift oder Schraubenzieher zu einer Spirale biegen.

Einen **Bleistift** brauchen Sie, um vom **Vorlagenbogen auf ein Transparentpapier** durchzupausen.

Legen Sie dann das Transparentpapier zusammen mit einem **Blaupapier** auf das Holz und ziehen Sie alle Striche nach.

Der **Handtacker** mit z. B. **4-mm-Tackerklammern** befestigt z. B. die kleinen Holzblumen am Draht.

Heißkleber hält die Steckdrahtenden mit den Blumen im Topf fest und sichert Holzteile vor dem Schrauben und Nageln in Position.

Einen breiten flachen, einen schmalen flachen und einen **feinen Pinsel für Acryl-Farbe** sollten Sie sich leisten. Für die großen Flächen findet sich daheim bestimmt ein brauchbarer Pinsel.

Lackstifte in wasserfester Ausführung, fein und mittel, werden für den Auftrag der Schriften verwendet. Kleine Punkte oder Bienchen lassen sich damit schnell malen, weil die Farbe der Lackstifte schnell trocknet. Feine Striche sind mit dem Stift leichter zu führen als mit dem Pinsel. Falls Sie **Klarlack** benutzen wollen, um Ihr Werkstück noch haltbarer zu machen, stellen Sie sicher, dass dadurch der Farbauftrag der Lackstifte nicht angelöst wird!

Material

Für die Kleinteile wurde 4-mm-Pappelsperrholz („Bastelsperrholz“) mit sehr glatter Oberfläche benutzt. Im Baumarkt gibt es in der Holzabteilung Massivholzbretter in den Stärken von 18 bzw. 19 Millimetern, oft in verschiedenen Längen. Verwenden Sie 120 und 140 Millimeter breite Fichtenbretter, auch Glattkantbretter genannt. Die Breite der Bretter bedingt die Maße des Werkstücks, so spart man sich manchen Schnitt. Für breitere Teile kann Kiefer- oder Fichtenleimholz in 200 mm Breite verwendet werden. Dachlatten in der Größe von ca. 3,6 x 1,9 Zentimetern wurden z. B. für die Zaunmotive gewählt; Sie können aber auch andere Latten verwenden. Farbe für Holz ist eine Geschmacksfrage. Wasserfeste Acryl-Bastelfarbe in matten Ausführungen in den Farben Karminrot, Ultramarinblau, Goldgelb, zusätzlich Weiß und Schwarz, für große Flächen auch die einfachen Vollton- und Abtönfarben aus dem Baumarkt, lassen sich genauso gut verwenden wie Lacke, deren Glanz man allerdings mögen muss. In diesem Buch wurden viele Blaunuancen verwendet, die sich alle aus Weiß und Ultramarinblau mischen lassen.

Rüben-Kette

Farben: Schwarz, Weiß, Ultramarinblau (Mittelblau, Hellblau) Maigrün, Goldgelb, Orange, Braun, schwarze und weiße Lackstifte

Material: 4-mm-Sperrholz, Steckdraht, 4-mm-Tackerklammern

Für die Vorfreude aufs Gartenjahr: Die Sonnenblumen sind zwar noch nicht gesät – aber bald!

Endlich wieder Frühling!

Um sich darauf zu freuen, braucht es nicht viel. Aber bis es soweit ist, können Sie sich die Wartezeit verkürzen und ein paar Holzreste verarbeiten, die vielleicht vom „Holz vor's Haus"-Buch übrig sind? Besorgen Sie sich neue Sägeblätter für die Laub- und die Stichsäge, neue Frühlingsfarben und los geht's!

Stellen Sie sich vor, morgen scheint zum ersten Mal wieder die Sonne richtig warm, die Vögel zwitschern, die ersten Primeln – frisch aus dem Treibhaus – blühen und Sie haben nichts, womit Sie Ihren Garten schmücken können...

Viele neue Ideen für Holzbegeisterte finden sich in diesem Buch und jede Menge Anregungen zum Kombinieren der Einzelteile: Eins passt zum andern und alles lässt sich immer neu zusammenstellen!

Eine schöne Säge-, Mal- und Frühlingszeit

wünscht

Martina Hertel

Werkzeuge - Hilfsmittel und ihr Einsatz

Für die massiven Holzbretter ist eine einfache **Stichsäge** mit einem normal breiten Sägeblatt notwendig, das die gerundeten Teile sicher durchtrennt. Auch die geraden Schilder können mit der Stichsäge bewältigt werden – eine **Kappsäge** ist natürlich komfortabler.

Die kleinen Teile aus 4-mm-Sperrholz können mit der **Laubsäge** bearbeitet werden; Holzbegeisterte haben wahrscheinlich längst eine kleine elektronische **Dekupiersäge.**

Für die Ausrisskanten vom Sägen genügt grobes **Handschleifpapier** mit 60er oder 80er Körnung.

Der **Akkubohrschrauber** (ca. 12 Volt stark) ist für die Vorbohr- (ein **3er Holzbohrer**) und Schraubarbeit zu empfehlen, Handbohrer und Schraubenzieher tun es aber auch.

Verwenden Sie **Holzschrauben** (auch „Spanplattenschrauben") der Stärken 3,5 bis 4 in den Längen 30 mm und 50 mm. Für z. B. das Einflugloch beim Nistkasten ist eine Lochsäge für den Bohrschrauber mit einem **Bohrkranz** von 32 mm Durchmesser erforderlich.

Das Samentütchen beginnen Sie außen mit einem grünen Rand. Füllen Sie anschließend innen alles mit Hellblau, dass Sie aus etwas Ultramarinblau mit wenig Weiß mischen können, aus. Nach dem Trocknen fügen Sie die Sonnenblumen, die orangefarbene Linie und die weiße Fläche an. Dann folgt der gelbe „Querbalken“ links oben. Schriften, Linien und Punkte bringen Sie nach dem Trocknen mit den Lackstiften auf. Die Karotte halten Sie am Kraut und bemalen den Rest in Orange. Auf die Kante und den Rand nehmen Sie in den Pinsel mit dem Orange etwas Maigrün auf und geben der Rübe durch den dunkleren Rand etwas Tiefe. Mit ein bisschen Goldgelb heben Sie die Mitte der Karotte hervor. Das Kraut wird in Maigrün bemalt. Die Gießkanne beginnen Sie an den Außenrändern mit Ultramarinblau. Jeweils zur Mitte hin mischen Sie mehr Weiß in den Pinsel. Nach dem Trocknen bringen Sie bei Rüben und Gießer die Konturen mit den Lackstiften an. Bringen Sie vier Steckdrahtstücke in Spiralform und tackern Sie sie an den Rückseiten der Einzelteile zu einer Kette zusammen. Ein Tropfen Heißkleber sichert die Tackerstellen. Am oberen Ende formen Sie eine Öse zum Aufhängen.

Blaue Gartenkatze

Farben:	Schwarz, Weiß, Ultramarinblau (Mittelblau, Hellblau) Maigrün, Goldgelb, Pink, Orange, Braun, schwarze und weiße Lackstifte
Material:	ca. 140 mm breites Massivholzbrett ca. 120 mm breites Massivholzbrett 200 mm breites Leimholzbrett, 4-mm-Sperrholz 4 Stück Holzschrauben 4 x 50 6 Stück Holzschrauben 3,5 x 30, Steckdraht 4-mm-Tackerklammern, bunter Bast

Mit ein bisschen Kreativität würde sich diese Katze auch Ihrer Lieblings-Frühjahrsfarbe anpassen – ganz bestimmt!

Bei den fünf Teilen der Katze wird Ultramarinblau mit etwas Weiß vermischt für das Mittelblau; die „Tigerung“ wird mit etwas mehr Weiß in Hellblau angelegt. Bei den Blüten malen Sie zuerst die Blütenblätter, danach die Mitte in Orange. Tackern Sie die Blüten am spiralig gedrehten Steckdraht fest. Der Boden der Katze ist aus dem 120 mm breiten Brett und ist 370 mm lang. Der Topf ist aus einem 140 mm breiten Brett ausgesägt, an den Kanten und hinten schwarz bemalt. Die vordere Fläche beginnen Sie in der Mitte mit Orange und setzen dann mit Braun links und rechts an. Mit einem feuchten Pinsel verwischen Sie die Übergänge zum Schwarz. Setzen Sie alle Akzente, Lichter und feinen Striche mit den Lackstiften. Die drei Blüten auf Steckdraht werden in ein mit Heißkleber gefülltes Bohrloch in die obere Kante des Topfes geklebt. Die Katze wird nach Bauplan zusammengeschraubt und, wie der Topf, von unten auf dem Bodenbrett mit jeweils zwei langen Schrauben befestigt.

Frohe Ostern!

Hase „Pop-ei“

Farben: Hellbraun, Mittelbraun, Dunkelbraun, Ultramarinblau
Weiß, Mittelblau, Hellblau, Goldgelb, Orange, Maigrün
Karminrot, schwarze und weiße Lackstifte

Material: 140 mm breites Massivholzbrett
200 mm breites Leimholzbrett (fürs Ei)
4-mm-Sperrholzrest (für Frisur)
4 Holzschrauben (3,5/4 x 30), 2 Holzschrauben (4 x 50),
Steckdraht, Nägel

Unverkennbar ist die Familienzugehörigkeit durch die kräftigen Arme, hier entstanden durch unmäßigen Karottengenuss.

Hase Pop-ei – ausgesägt aus einem 140 mm breiten Massivholzbrett - hält ein Osterei aus einem Stück 200 mm breiten Leimholzbrett, dass erst hellblau grundiert wird, bevor die Blumenwiese aufgemalt werden kann. Schrift und Konturen und kleine Flächen wurden mit Lackstiften angebracht. Grundieren Sie den Hasenkörper, Arme und Füße mit Mittelbraun, lassen Sie die Stellen, die dann hellblau bemalt werden, dabei frei. Nach dem Trocknen bringen Sie die dunkelbraunen Flächen auf. Die Augen des Hasen werden ultramarinblau, die Nase dunkelbraun. Alle weiteren Konturen und Flächen malen Sie mit den Lackstiften. Der Hase sitzt auf einem maigrün bemalten, 140 mm breiten Massivholzbrett, das 300 mm lang sein soll. Die Frisur wird aus dem 4-mm-Sperrholz ausgesägt, bemalt und festgenagelt. Der Körper des Hasen wird auf den Boden gesetzt und mit den langen Schrauben fixiert. Das Ei und die Füße werden von hinten durch den Hasenkörper mit den kurzen Schrauben befestigt. Die Arme erhalten eine Bohrung am oberen Ende von innen nach außen. In die Schultern des Hasen werden ebenfalls Löcher gebohrt; spiralig gedrehter Steckdraht verbindet die Teile.

„Alles ausgeflogen?“

Farben:	Weiß, Schwarz, Mittelblau, Goldgelb, Orange, Braun Dunkelbraun, Karminrot, schwarze und weiße Lackstifte
Material:	120 mm breites Massivholzbrett, 4-mm-Sperrholz Steckdraht (zum Aufhängen), Nägel, 6-mm-Tackernadeln 1 Notizblock , 1 Bleistift, 1 Stück Schnur, gelber Heißkleber

Wollen Sie auch wissen, wer da war, als Sie nicht da waren? Dieses Schild erfüllt diesen Zweck.

Der Bär wird in Braun bemalt, seine Fußsohlen und Zehen sind dunkelbraun. Der Bienenkorb wird vom Rand her mit Orange begonnen, die typischen Kerben werden ebenfalls in Orange angelegt. Der Rest wird in Goldgelb bemalt und die Übergänge werden verwischt. Nach dem Trocknen werden die Bärentatzen mit Braun aufgemalt. Bär und Korb werden zusammengeklebt und die Verbindung mit zwei, drei 6-mm-Tackerklammern von hinten verstärkt. Die Bienenkörper werden erst ganz Goldgelb grundiert und nach dem Trocknen die schwarzen Streifen mit einem mittelstarken schwarzen Lackstift aufgetragen. Das Honigglas wird an den Rändern mit Orange begonnen, in der Mitte wird Goldgelb aufgetragen und die Übergänge verwischt. Alle Teile werden mit Heißkleber in Position gebracht und mit Nägeln fixiert.

Die Beschriftung des Schildes kann mit schwarzem Lackstift angelegt und dann mit weißem Lackstift umrandet werden. Bohren Sie rechts oben ein Loch für die Schnur, die den Bleistift hält, durch das Brett. Eine Biene kann auf den Bleistift geklebt werden und fliegt dann beim Schreiben immer mit!

Hinter dem Bären an der Rückseite des Schildes kann ein Stück Steckdraht in Form gebracht als Aufhänger fungieren. Tackern Sie beide Enden mit den 6-mm-Tackerklammern in das Massivholz. Gelber Heißkleber spielt auf Korb und Glas den Honig. Tackern Sie das letzte Blatt eines Notizblocks auf dem Brett fest.

Alles Ausgeflogen ?
Hallo!
wollten mal vorbeischauen!
Bis bald
die Müllers
Schreibt doch eine Nachricht!
HONIG

FLUGSCHULE
Hier WOHNEN
Susi, Andi, Leo, Lisa
VOGEL

Flugschule

Farben: Weiß, Mittelblau, Goldgelb, Orange, Braun, Maigrün
schwarze und weiße Lackstifte

Material: 120 mm breites Massivholzbrett, Dachlatten (ca. 3 m)
4-mm-Sperrholz, Steckdraht, Nägel
ca. 10 Holzschrauben (3,5/4 x 30), 4-mm-Tackernadeln
3 Blumentöpfchen, ca. 3 cm Durchmesser

Wenn Sie den Nistkasten aus diesem Buch im Garten hängen haben, werden Sie die ausfliegenden Jungvögel live erleben. Ansonsten: hier ist die Flugschule in Holz.

Die Rundung am Zaun sägen Sie erst dann, wenn Sie die einzelnen Latten auf die obere Querlatte von hinten festgeschraubt und die grüne Latte fixiert haben, da sich sonst beim Sägen die Latten noch bewegen können. Es empfiehlt sich, vor dem Sägen ca. zwei Meter der Dachlatten braun zu bemalen und erst nachher zu sägen und zusammenzubauen: So braucht man anschließend nur noch die oberen Schnittkanten einfärben.

Die Vögel, Schildchen, Häuschen und Blumen werden aus dem 4-mm-Sperrholz ausgesägt und bemalt. Lebhafter wirken die Vögel, wenn Sie ins Mittelblau während des Malens ein bisschen Weiß mit auf den Pinsel nehmen. Nageln Sie Vögel und Schildchen fest und befestigen Sie den Zaun an einem grünen Meterstück der Dachlatte. Das untere Schild kann nun beschriftet werden, ein Töpfchen wird in Position gebracht, ein kleines Loch im Schild vorgebohrt und der Topf durch das Bodenloch an der oberen Kante des Schildes mit einer kurzen Holzschraube festgeschraubt. Zwei weitere Töpfchen werden mit Heißkleber ineinander geklebt. Die Margeriten werden auf spiralig gedrehten Draht getackert und die Enden des Drahtes mit Heißkleber ins oberste Töpfchen geklebt.

"Frohe Ostern-Ei"

Farben:	Ultramarinblau, Hellblau, Weiß, Goldgelb, Orange Maigrün, Karminrot, Lila, schwarze und weiße Lackstifte
Material:	200 mm Leimholzbrett, Reststück Dachlatte Steckdraht, Naturbast, hellgrünes Feenhaar schönes Band, 8-mm-Tackerklammern

Wer sich zu Ostern bereits über frühsommerliches Blühen freuen möchte, braucht heuer keine Angst vor späten Nachtfrösten zu haben!

Das Ei wurde aus einem 200 mm breiten Leimholzbrett ausgesägt. Das Schildchen besteht aus einem Rest einer Dachlatte und ist rund 190 mm lang.

Beide Teile werden in Hellblau grundiert, wobei beim Ei auf den Rand zu mehr Ultramarinanteile gemischt wurden. Die Blumenwiese wird in Maigrün begonnen, mit Weiß oder Goldgelb im Maigrün werden einzelne Strukturen wie Blätter und Gräser hervorgehoben. Die Veilchen sind in Lila gehalten, was Sie auch durch Mischen von Ultramarinblau mit Karminrot erhalten können. Ein feiner schwarzer und weißer Lackstift hebt nach dem Trocknen der Farben die Konturen heraus. Mit einem mittelstarken schwarzen Lackstift malen Sie z. B. die schwarzen Anteile der Bienen. Die beiden Teile werden mit spiralig gedrehtem Steckdraht verbunden, wobei die Steckdrahtenden an der Rückseite mit 8-mm-Tackerklammern befestigt werden können. Ein bisschen Bast, hellgrünes Feenhaar und ein schönes Band schmückt und wird mit etwas Heißkleber vor dem Verrutschen bewahrt.

Frohe Ostern

Gärtner mit Gießkanne

Farben: Schwarz, Weiß, Ultramarinblau, Mittelblau, Hellblau Goldgelb, Orange, Braun, Apricot, Maigrün, schwarze und weiße Lackstifte

Material: 140 mm breites Massivholzbrett
120 mm breites Massivholzbrett, 200 mm breites Leimholzbrett
4-mm-Sperrholzrest, ca. 10 Holzschrauben (3,5/4 x 30)
2 Holzschrauben (4 x 50), 8-mm-Tackernadeln
Naturbast, Strohhut, Nägel

Das Wichtigste, wenn neu gepflanzt ist, ist das rechtzeitige Gießen. Glauben Sie nicht, das Ihnen dieser Gärtner das abnimmt – auch wenn er so tut als ob.

Der Körper des Gärtners und der Gießkanne sind aus dem 200 mm breiten Leimholzbrett, die Arme aus dem 120-mm-Brett. Der braun bemalte Boden ist aus einem 14 mm breiten Massivholzbrett und wird 450 mm lang. Nach dem Zusammenbau der Gießkanne bemalen Sie die Schnittkanten und die Rückseite der Kanne mit Schwarz. Beginnen Sie in der Mitte der Kannenteile mit viel Goldgelb im Maigrün und setzen Sie mit Maigrün bis zum Rand an, das Sie mit einem feuchten Pinsel mit dem Schwarz verwischen. Das Hemd des Gärtners bekommt einen mittelblauen Anstrich, der durch einen trockenen Pinselstrich in Hellblau die Karos erhält. Die Hose wird Maigrün – mischen Sie immer mal ein bisschen Goldgelb mit rein. Die Schuhe werden ganz schwarz und bekommen nach dem Trocknen je zwei Löcher, durch die Bast als Schnürsenkel geführt werden. Das Gesicht erhält einen warmen Apricotton. Die Augen werden ultramarinblau grundiert und mit etwas Mittelblau lebendiger. Für die Lichter, Punkte und Linien benutzen Sie die Lackstifte. Nach dem Zusammenbau der Teile fehlen dem Gärtner noch Frisur und Hut. Machen Sie in einen Baststrang einen Knoten und schneiden Sie ihn rechts und links ungleich ab. Der Knoten markiert einen Seitenscheitel und wird asymmetrisch auf den Kopf getackert. Der Hut wird aufgesetzt und mit den langen Tackerklammern befestigt. Die Sonnenblumen – die als Knöpfe fungieren sollen - grundieren Sie komplett in Orange, malen dann die gelben Blütenblätter und die braune Mitte auf. Die Lackstifte erledigen den Rest. Ein schönes aufgeklebtes Band markiert die Hosenträger, auf die die Sonnenblumen genagelt werden.

„Sind im Garten"-Schild

Farben: Hellblau, Maigrün, Goldgelb, Braun, schwarze und weiße Lackstifte

Material: ca. 140 mm breites Massivholzbrett
4-mm-Sperrholz, Nägel, Steckdraht
schönes Band, 3 kleine Wäschezwicker

Wer im Garten seine Ruhe und keinen Besuch will, braucht sich dieses Schild nicht zu basteln...

Das Schild ist 140 mm mal 180 mm groß und wird hellblau bemalt. Bringen Sie die Beschriftung und die Blätter der Sonnenblumen in Goldgelb an. Das Innere der Blüten wird braun. Die zwei Vögel werden aus dem 4-mm-Sperrholz ausgesägt, maigrün bemalt und bekommen einen goldgelben Schnabel. Alle Akzente, Schatten und Lichter malen Sie nach dem Trocknen der Farbe mit den weißen und schwarzen Lackstiften. Führen Sie ein Stück Steckdraht durch zwei Löcher im Brett. An der Rückseite verbinden Sie die Enden mit einem weiteren, spiralig gedrehtem Stück nicht sichtbar hinter den festgenagelten Vögeln. Aus einem schönen Band schneiden Sie eine „Unterhose" heraus und befestigen Sie mit den kleinen Wäschezwickern am Draht.

Sind im
Garten!

„Zum Garten und zum Frühling"-Wegweiser

Farben: Weiß, Schwarz, Karminrot, Goldgelb, Maigrün, Orange Apricot, Braun, schwarze und weiße Lackstifte

Material: Dachlatten (ca. 3 m), ca. 15 Schrauben (3,5/4 x 30) 4-mm-Sperrholz, Steckdraht, Nägel 4-mm-Tackerklammern

Wenn dieser Wegweiser im Garten steht, ist eigentlich klar, in welche Richtung es geht: frühlingswärts.

Sägen Sie die Dachlatte in die entsprechenden Stücke und setzen Sie den Zaun an der oberen Latte zusammen; schrauben Sie von hinten durch die Längslatten. Nachdem die weiße Farbe am Zaun getrocknet ist, setzen Sie den grünen Boden auf und schrauben ihn an den äußeren Latten – hinten bündig - fest.

Die Tulpen werden goldgelb, mit etwas Orange schattiert und auf Draht gezogen, d. h., Sie drehen den Draht spiralig und tackern ihn von hinten an die Tulpen, das andere Ende an die Rückseite des Schubkarrens. Das orangefarbene Hemd des Gärtners wird nach dem Trocknen mit einem weißen feinen Lackstift kariert. Die zwei (oder auch nur einen) Wegweiser sägen Sie spitz zu und bemalen ihn in Goldgelb. Die Beschriftung wird mit einem schwarzen mittelstarken Lackstift ausgeführt, genauso wie z. B. die schwarzen Teile der Bienen und des Käfers oder alle anderen Konturen. Bemalen Sie ein spitz zugeschnittenes Meterstück der Dachlatte grün und schrauben Sie alle Teile von hinten daran fest.

Zum Garten
+ Zum Frühling

Willkommen bei Familie Sommer

Fenster zum Sommer

Farben: Ultramarinblau, Goldgelb, Orange, Braun, schwarze und weiße Lackstifte

Material: 120 mm Massivholzbrett, 1 Meter Dachlattenstück
4-mm-Sperrholz, Steckdraht, 2 Holzschrauben (3,5/4 x 30)
2 Holzschrauben (4 x 50), 4-mm-Tackernadeln, schönes Band (für Gardine), 3 Blumentöpfchen (Durchmesser ca. 30 mm)
1 Zweigstück fürs Fensterkreuz, etwas Naturbast

Eins ist gewiss: Auf den Frühling folgt der Sommer und durch dieses Fenster kann man ihn schon ganz genau sehen!

Bauen Sie den Fensterrahmen laut Bauplan, oben verwenden Sie die längeren Schrauben, das Fensterbrett wird mit den kurzen Schrauben befestigt und erhält links und rechts je ein Loch für das unten anhängende Schild. Bohren Sie parallel Löcher in die Fensterläden aus 4-mm-Sperrholz und die seitlichen Fensterteile und verbinden Sie sie nach dem Bemalen mit Steckdraht, den Sie hinten zusammenwinden. Beim Fensterkreuz kleben Sie erst das senkrechte Teil hinten bündig in die Fensteröffnung, anschließend das Querstück darauf. Fixieren Sie's mit etwas Bast an der Kreuzstelle. Hinten können Sie mit Heißkleber ein in Gardinenform gebrachtes Stück Band anbringen. Die Sonnenblumen aus 4-mm-Sperrholz bemalen Sie erst ganz in Orange, bevor Sie die Blütenblätter in Goldgelb aufmalen und das Innere in Braun. Nach dem Trocknen bringen Sie die Akzente mit schwarzen und weißen Lackstiften an und tackern die Blumen auf spiralig gedrehten Steckdraht. Die drei Töpfchen werden mit Heißkleber auf das Fensterbrett gestellt und die gedrahteten Blumen hineingeklebt. Das ultramarinblaue Willkommensschild wird mit Goldgelb beschriftet und durch zwei Löcher rechts und links per spiralig gedrehten Steckdraht mit dem Fensterbrett verbunden. Steckdraht, an beiden Enden rückseitig angetackert, lässt sich gut zu einem Aufhänger formen.

Nistkasten „Für meine Meise“

Farben: Weiß, Schwarz, Ultramarinblau, Hellblau, Maigrün, Goldgelb Apricot, schwarze und weiße Lackstifte

Material: ca. 140 mm breites Massivholzbrett (Körper)
200 mm breites Leimholzbrett (Dach u. Boden)
Dachlattenstücke (Riegel), ca. 20 Schrauben (3,5/4 x 30)
4-mm-Sperrholz, Nägel, Steckdraht, 4-mm-Tackerklammern
Blumentöpfchen (3 cm Durchmesser)stabile Bilderklappöse (zum Aufhängen)

Für Gärtner(innen) mit Humor ist dieser Nistkasten bestimmt ein Geschenk, das gut ankommt!

Bauen Sie den Körper des Häuschens nach dem Bauplan auf dem Vorlagenbogen und bemalen Sie ihn ganz weiß. Fügen Sie die Dachteile zusammen und bemalen die sichtbaren Innenseiten und nach dem Aufschrauben auf den Körper den Rest in Hellblau. Den grünen Boden schrauben Sie mit vier Schrauben am Körper fest. Die Gärtnerin bekommt unter den weißen Blüten ihres Kleides, die mit einem mittelstarken weißen Lackstift „gepunktet“ wurden, einen ultramarinblauen Grund. Die hellblauen Blüten erhalten eine grüne Mitte und werden auf spiralig gedrehten Draht getackert. Das Töpfchen kleben Sie mit der Heißklebepistole auf den Boden; stecken Sie den Draht mit den Blüten in das Töpfchen und lassen Sie zwei, drei Portionen Heißkleber hineintropfen. Alle Punkte und feinen Linien malen Sie am besten mit den Lackstiften. Das Schildchen „Für meine Meise“ bekommt ein Stückchen gebogenen Draht untergelegt und wird – wie die Gärtnerin – in Position gebracht und festgenagelt. Die seitlich lauernde schwarze Katze wird ebenfalls nach dem Bemalen mit Nägeln fixiert.

Der Nistkasten lässt sich durch einen rückseitigen Riegel leicht und ohne Werkzeug öffnen und – falls Ihre Meise tatsächlich drin gebrütet hat – nach dem Ausfliegen der Jungvögel reinigen!

Für meine Meise!

HALLO!

„Hallo“-Gießkanne mit Topf

Farben: Weiß, Schwarz, Ultramarinblau, Goldgelb, Maigrün, Orange, Braun
schwarze und weiße Lackstifte

Material: 200 mm breites Leimholzbrett, 140 mm breites Massivholzbrett
5 Holzschrauben (3,5/4 x 30), 4-mm-Sperrholz
Steckdraht, Nägel, 4-mm-Tackerklammern
ein Zweigstück, orangefarbener Bast o. ä.

Die Gießkanne bildet den Hintergrund für den Topf mit Tulpen und würde sich auch in Grün (siehe „Gärtner mit Gießkanne“) gut machen.

Bauen Sie die Kanne nach Vorlagenbogen aus einem Stück des Leimholzbrettes (Körper) und Reststücken (Griff und Ausgießer) zusammen. Der Blumentopf ist aus dem 140 mm breiten Brett ausgesägt, an den Schnittkanten – wie die Kanne – schwarz bemalt. Beginnen Sie in der Mitte des Topfes mit Orange, setzen Sie mit Braun an und verwischen Sie die Übergänge auch zum Schwarz mit einem feuchten Pinsel. Die Teile der Kanne beginnen Sie ebenfalls in der Mitte mit Ultramarinblau, was mit etwas Weiß aufgehellt wird. Nach außen setzen Sie mit reinem Ultramarinblau an und verwischen die Übergänge zum Schwarz. Bohren Sie in die obere Schnittfläche des Topfes ein Loch für die Tulpendrähte und verbinden Sie Gießkanne und Topf: Kleben Sie den Topf mit Heißkleber in Position und sichern Sie die Lage mit zwei Schrauben von hinten durch den Gießer.

Das grüne Hallo-Schild und die drei Tulpen sind aus 4-mm-Sperrholz ausgesägt. Die Tulpen werden in Orange grundiert und mit Goldgelb in je drei Blütenblätter „geteilt“. Setzen Sie Lichter und die Schrift mit den Lackstiften. Das Schildchen bekommt als „Stiel“ ein Zweigstück untergelegt und wird festgenagelt, die Tulpen werden auf spiralig gedrehten Steckdraht getackert und das andere Ende in das Loch im Topf geklebt.

Bohren Sie zwei Löcher zum Aufhängen in die Kanne, schieben Sie je einen zur Hälfte spiralig gedrehten Draht von vorne durch, drehen Sie den Draht hinten wieder in Spiralform und verbinden Sie beide Enden.
Die Bastschleife sitzt – mit etwas Heißkleber fixiert - über der Verbindungsstelle.

„Guck-mal-Katzen“-Stecker

Farben:	Weiß, Schwarz, Goldgelb, Maigrün, Orange, Hellblau Pink, schwarze und weiße Lackstifte
Material:	ca. 140 mm breites Massivholzbrett Dachlatten (ca. 2 m), ca. 10 Schrauben (3,5/4 x 30) 4-mm-Sperrholz, Nägel

Was die Katzen nicht wissen: Die Vögel haben sich für den richtigen (siehe dort) Nistkasten entschieden!

Der Körper der Vogelhausattrappe aus 140-mm-Massivholzbrett erhält mit einem 32-mm-Bohrkranz in Bohrmaschine oder Bohrschrauber drei Löcher, anschließend wird er weiß bemalt. Die beiden Dachteile werden aus der Latte zusammengefügt, innen hellblau bemalt und auf den Körper gesetzt und festgeschraubt. Der grün bemalte Boden wird mit zwei Schrauben am Körper befestigt. Ein Stück gelb bemalte Latte wird quer über den Körper geschraubt und mit einem Lackstift beschriftet. Die Katzen werden ganz schwarz, die Nasen gelb, die weißen Akzente mit den Lackstiften gemalt. Bei den Blumen bemalen Sie erst die Blütenblätter, anschließend bei allen das Innere in Orange.

Nach dem Aufnageln der Einzelteile befestigen Sie das Hausteil von hinten an einem grün bemalten Dachlattenstück, dass Sie in der gewünschten Länge spitz zuschneiden.

Schaut doch mal rein!

Schmetterlingsmann

Farben: Schwarz, Weiß, Mittelblau, Goldgelb, Orange, Maigrün
schwarze und weiße Lackstifte

Material: 150 mm langen Dachlattenrest, 4-mm-Sperrholz, Steckdraht Nägel, 4-mm-Tackernadeln, Wundkompresse/Mullbindenstück Rundstab aus Schilfrohr o. ä., Durchmesser ca. 8 mm

Der Schmetterlingsmann spielt allein eine große Rolle an der Haustür, aber auch vor einem Zaun oder Häuschen aus diesem Buch könnte er die Hauptrolle übernehmen.

Schmetterlinge und Mann sind aus 4-mm-Sperrholz. Malen Sie erst die Grundfarben, lassen Sie alles trocknen, zeichnen Sie die Muster auf den Schmetterlingen mit schwarzem Lackstift vor und füllen Sie diese dann mit Farbe aus. Nach erneutem Trocknen bringen Sie weitere Akzente mit den Lackstiften an. Der Boden – auf dem der Mann steht – wird aus einem 150 mm langen Dachlattenrest ausgesägt und grün bemalt. Das Schmetterlingsnetz wird aus einem Stückchen Schildrohrstab, ein bisschen Steckdraht und einer Mullkompresse gefertigt: Bohren Sie in das obere Ende des Stabs ein Loch. Biegen Sie ein Stück Draht über z. B. einen Flaschenhals und verbinden Sie die beiden Enden. Kleben Sie die Verbindungsstelle in das Loch am Stab. Nun schneiden Sie ein Stück Mullkompresse – rund zehn Zentimeter – ab. Bestreichen Sie den Draht mit Heißkleber und kleben Sie die Mullbinde vorsichtig (heiß!) über den Draht. Am anderen Ende wird die Mullbinde dann mit einem Tropfen Heißkleber zusammengeklebt. Vier der Schmetterlinge müssen auf spiralig gedrehten Steckdraht getackert werden, das andere Ende des Drahtes tackern Sie auf der Rückseite in den Boden. Sie konnen alle Tackerstellen zusätzlich noch mit Heißkleber fixieren und im Massivholz auch längere Tackerklammern verwenden. Nachdem der Mann mit Netz und der gelbe Schmetterling am Boden festgenagelt wurde, bekommt der orangefarbene Schmetterling eine Drahtverbindung mit dem Hut des Mannes – zum Aufhängen.

Vielseidig Verlag

...und noch mehr zum Thema Holz
von Martina Hertel

Zaungäste
Flotte Latten für den Garten
ISBN 3-935467-21-4
Best.Nr. 67214

Holz vor's Haus
Herbstliches aus der Holzwerkstatt
ISBN 3-935467-07-9
Best.Nr. 67079

Laubanger 19b 96052 Bamberg **Vielseidig Verlag** GmbH Tel. 0951/ 6 89 9 Fax. 0951/ 60 32 9

Seite 102

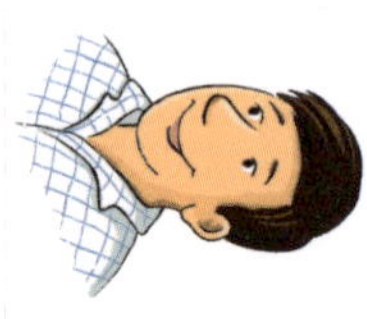
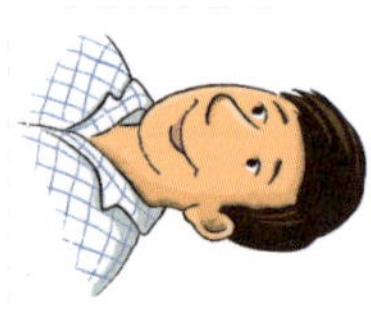

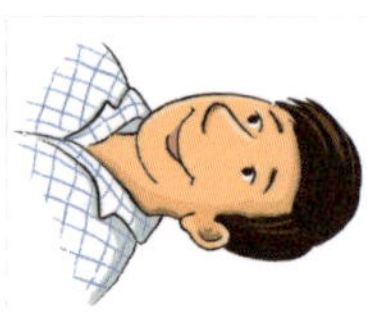
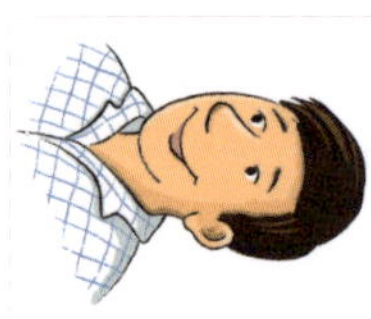

Seite 91

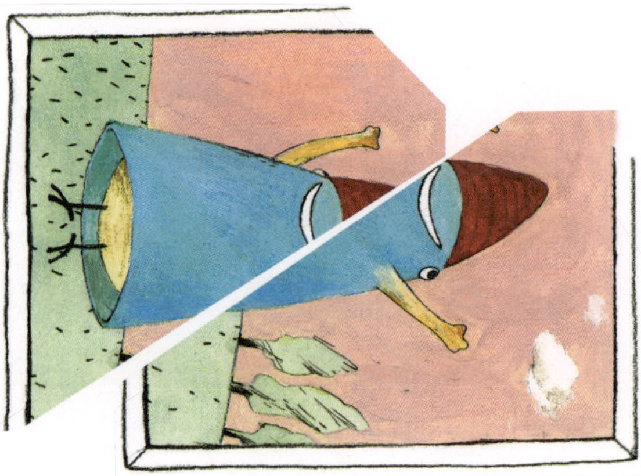

Seite 82